Катання на бульбашках

Історія для релаксації

Лорі Лайт

Ілюстрації - Максим Стасюк

SCHOOL

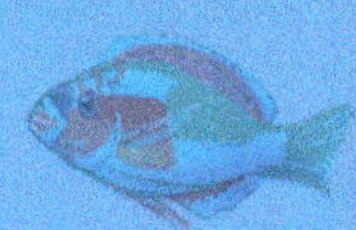

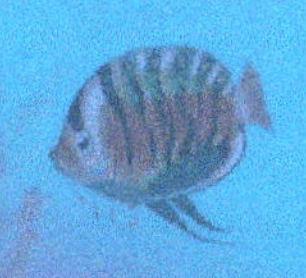

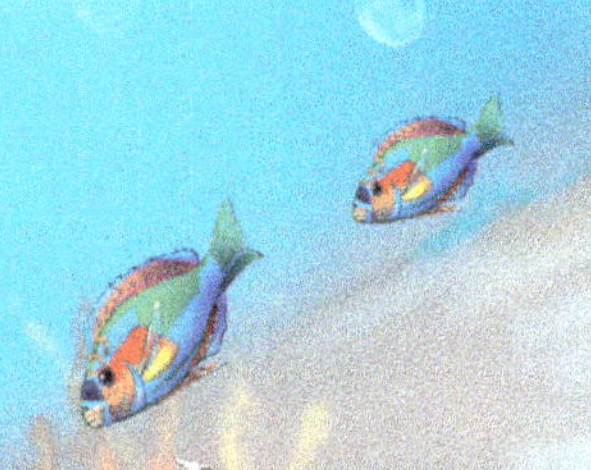

Катання на бульбашках

Історія для релаксації

Лорі Лайт

Ілюстрації - Максим Стасюк

ISBN у паперовій обкладинці: 9781937985387

Перше видання 2008
Перекладне видання 2023

Опубліковано в Сполучених Штатах Америки
Надруковано в Сполучених Штатах Америки

Вітаємо!

Ви збираєтесь прочитати історію

під назвою «*Катання на бульбашках*».

Забавно удавати, що ти - морське дитя, або черепаха,

уявляючи кольори веселки. Зверніть увагу,

який вплив на підсвідомість має кожен з кольорів!

SCHOOL

Морська дитина щойно закінчила свій довгий день.
Вона рано прокинулася до школи і наполегливо
працювала над вивченням нових речей. А також, вона
відвідала заняття з плавання та грала зі своїми друзями.
Кожен день був дуже насиченим і морська дитина
відчувала себе стомленою та напруженою.

Вона пишалася всім, що встигла зробити за
день і вирішила потішити себе улюбленою грою.
Морська дитина була впевнена, що серед усіх мешканців
океану, єдина хто вміє грати у цю гру. Зрештою,
саме вона вигадала гру, яку назвала
«Катання на бульбашках».

Морська дитина різко змахнула своїм
хвостиком і попливла до краю коралового рифу.
Саме тут, на дні океану, вона могла знайти водяний
фонтан. Підпливаючи ближче, морська дитина
відчувала, що вода стає дедалі теплішою. Вона бачила,
як крихітні бульбашки піднімаються крізь пісок і
гойдаються зі сторони в сторону у потоці води.
Бульбашки означали, що вона знайшла свій
водяний фонтан. Морська дитина нерухомо сиділа і
зосередилась на бульбашках. Вона знала, що якщо
буде терплячою, то на її шляху з'явиться величезна
бульбашка на якій можна буде покататись.

За кілька хвилин з отвору виринула велика бульбашка.
Морська дитина обійняла бульбашку і відчула, як вона
загорнула її у свої обійми, як пара люблячих рук.
Тепер морське дитя лежало всередині
теплої та безпечної бульбашки.

Морська черепаха, поцікавившись тим, що робить морська дитина, також вирішила спробувати покататись на бульбашці. Вона обійняла наступну велику м'яку бульбашку і відчула, як бульбашка загорнула її у свої обійми.

Черепаха відчула тепло та безпеку.

Їм сподобалось плавати у бульбашках у теплій воді, що виринали з водяного фонтану.

Вони підіймали їх все вище і вище, прямуючи до сонячного світла.

Морська дитина помітила прекрасну веселку,
що простягнулася високо у небі і аж до коралу
на дні океану.

Вона заплющила очі та уявила, як кольори
веселки, що забарвили океан,
зафарбували і її бульбашку.

Червоний колір торкнувся краю бульбашки у якій була морська дитина і забарвив простір навколо неї.

Морська дитина уявила, як червоний колір проникає у її хвостик і вона відчувала себе здоровою та повною сил.

Забарвлення продовжувало повільно рухатись, зігріваючи її живіт та груди. Воно плавно перейшло на її руки, опускаючись до кінчиків пальців. Виручи навколо її голови, червоний колір обстежив її шию та обличчя, залишивши розум повністю спокійним.

Морська дитина плавала у морі червоного кольору.

Коли черепаха почала дрейфувати угору до сонячного світла, вона також відчула, що її бульбашка наповнилася червоним кольором, який огорнув все її тіло.

Згодом помаранчевий колір торкнувся краю бульбашки у якій була морська дитина і забарвив простір навколо неї.

Морська дитина уявила, як помаранчевий колір проникає у її хвостик. І як тільки вона відпустила усю свою напруженість, вона відчула себе життєрадісною та щасливою.

Забарвлення продовжувало повільно рухатись, зігріваючи її живіт та груди. Воно плавно перейшло на її руки, опускаючись до кінчиків пальців. Вируючи навколо її голови, помаранчевий колір обстежив її шию та обличчя, залишивши розум повністю спокійним.

Морська дитина плавала у морі помаранчевого кольору.

Коли черепаха почала дрейфувати угору,
до сонячного світла, вона також відчула, що її
бульбашка наповнилася щасливим помаранчевим
кольором, який огорнув все її тіло.

Жовтий колір торкнувся краю бульбашки у якій була морська дитина і забарвив простір навколо неї.

Морська дитина уявила, як жовтий колір проник у її хвостик і вона відчула немов світиться зсередини.

Забарвлення продовжувало повільно рухатись, зігріваючи її живіт та груди. Воно плавно перейшло на її руки, опускаючись до кінчиків пальців. Вируючи навколо її голови, жовтий колір обстежив її шию та обличчя, залишивши розум повністю спокійним.

Морська дитина плавала у морі жовтого кольору.

Коли черепаха почала дрейфувати угору до сонячного світла, вона також відчула, що її бульбашка наповнилася золотистим жовтим кольором, який огорнув все її тіло.

Потім зелений колір торкнувся краю бульбашки у якій була морська дитина і забарвив простір навколо неї.

Морська дитина уявила, як зелений колір проник у її хвостик і вона відчула гармонію та любов.

Забарвлення продовжувало повільно рухатись, зігріваючи її живіт та груди. Воно плавно перейшло на її руки, опускаючись до кінчиків пальців. Виручи навколо її голови, зелений колір обстежив її шию та обличчя, залишивши розум повністю спокійним.

Морська дитина плавала у морі зеленого кольору.

Коли черепаха дрейфувала угору, ще ближче,
до сонячного світла, вона також відчула, як
люблячий зелений колір заповнив її бульбашку
та огорнув все її тіло.

Незабаром синій колір торкнувся краю бульбашки у
якій була морська дитина і забарвив простір навколо неї.

Морська дитина уявила, як синій колір проник у її хвостик,
що дозволило їй розслабитись та бачити речі по-іншому

Забарвлення продовжувало повільно рухатись,
зігріваючи її живіт та груди. Воно плавно перейшли
на її руки, опускаючись до кінчиків пальців. Вируючи
навколо її голови, синій колір обстежив її шию та обличчя,
залишивши розум повністю спокійним.

Морська дитина плавала у морі синього кольору.

Коли черепаха підіймалася угору ще ближче до сонячного світла, вона також відчула, як заспокійливий синій колір наповнив її бульбашку та огорнув все її все тіло.

Фіолетовий колір торкнувся краю бульбашки у якій була морська дитина і зафарбував простір навколо неї.

Морська дитина уявила, як фіолетовий колір проник у її хвостик і вона відчула себе миролюбивою та вільною.

Забарвлення продовжувало повільно рухатись, зігріваючи її живіт та груди. Воно перейшло на її руки, опускаючись до кінчиків пальців. Вируючи навколо її голови, фіолетовий колір обстежив її шию та обличчя, залишивши розум повністю спокійним.

Морська дитина плавала у морі фіолетового кольору.

Черепаха також відчула, що її бульбашка
наповнилася щасливим фіолетовим кольором,
який огорнув все її тіло.

Вони обидві підпливли так близько до сонячного
світла, що всі кольори веселки та відчуття
змішалися із теплими променями сонця.

Змішавшись, кольори все дедалі світлішали, поки морська дитина та черепаха не опинилися в обіймах чистого білого світла. Бульбашки гойдали їх, а вони насолоджувались заспокійливим білим сяйвом.

За допомогою кольорів веселки та обіймів бульбашок їм вдалося відчути себе врівноваженими та спокійними.

Вони обидві знали, що ознайомились з чудом дії кольорів.

Насолоджуйтесь серією Stress Free Kids

Щоб отримати більше історій, відвідайте
www.StressFreeKids.com

Відвідайте дитячий магазин Stress Free на Amazon або там, де продаються книги.

Подумайте про покупку в незалежних/місцевих книгарнях.
Щоб переглянути повний список,
www.Bookshop.org або www.IndieBound.org.

Зберіть всю серію Indigo Dreams
і подивіться, як уся ваша родина
справляється зі страхом, стресом і
гнівом...

CD/Аудіокниги:

Indigo Dreams
Indigo Ocean Dreams
Indigo Teen Dreams
Indigo Dreams: Garden of Wellness
Indigo Dreams: Adult Relaxation
Indigo Dreams: 3 CD Set

Книги:

Добраніч гусениця
Хлопчик та черепаха
Катання на бульбашках
Сердитий восьминіг
Бухта морської видри
Ткач самооцінки
Хлопчик і ведмідь
Плетіння самооцінки

Книги, компакт-диски та уроки
доступні на www.StressFreeKids.com

Музичні компакт-диски:

Indigo Dreams: Kids Relaxation Music
Indigo Dreams: Teen Relaxation Music
Indigo Dreams: Rainforest Relaxation